Conserver au courant

A NAPOLÉON III

QU'AVEZ-VOUS FAIT

DE LA FRANCE?

ACQUISITION Nᵒ 55,228.

COMPLÉMENT A LA LETTRE DU 15 MARS 1861

ADRESSÉE AU PRINCE NAPOLÉON

PAR HENRI D'ORLÉANS, DUC D'AUMALE

LONDRES

W. JEPFFERS, BURLINGTON

1867

À NAPOLÉON III

QU'AVEZ-VOUS FAIT
DE LA FRANCE?

COMPLÉMENT À LA LETTRE DU 15 MARS 1861

ADRESSÉE AU PRINCE NAPOLÉON

PAR HENRI D'ORLÉANS DUC D'AUMALE

LONDRES
W. JEFFERES, BURLINGTON
1861

A NAPOLÉON III

'AVEZ-VOUS FAIT DE LA FRANCE ?

COMPLÉMENT A LA LETTRE DU 15 MARS 1861

ADRESSÉE AU PRINCE NAPOLÉON

PAR HENRI D'ORLÉANS, DUC D'AUMALE.

Qu'avez-vous fait de la France ? »

tte question fut posée par votre oncle au Directoire. Le 15
1861, cette même question fut adressée par le duc d'Aumale
tre plus proche parent. Malheureusement, elle n'est pas restée
solution : depuis cette dernière époque, les événements poli-
s se sont succédé avec une logique aussi rapide que fatale ; ils
nt chargés de répondre ; ils ne laissent aucun doute sur la nature du
hain dénouement des redoutables problèmes qui tiennent depuis de
gues années l'Europe en suspens.

rès avoir jeté un douloureux regard sur le passé et sur l'avenir
tain de la France, on est forcément entraîné à des conclusions qui
ront que trop promptement ratifiées par les résultats d'une politique
jusqu'à ce jour, n'a su que faire des promesses et n'en réaliser
ne. Sur ce point, je me bornerai à constater des faits, et les faits
contestent pas. La situation politique intérieure et extérieure de
rance présente un tableau aussi triste qu'affligeant, dont tous les
çais doivent justement se préoccuper. Je suis exilé, mais pour
raison même, j'ai le droit, et ce droit constitue pour moi un

devoir, d'attacher une grande importance à la discussion d
affaires de mon pays. En éclairant les esprits, en conciliant l
opinions opposées, en rapprochant les intérêts publics et privé
je voudrais pouvoir signaler l'abîme vers lequel la France marche
pas de géant; je voudrais pouvoir indiquer d'une manière péremptoi
et irréfutable les causes des calamités dont elle est menacé
il me semble qu'après les avoir énoncées on pourrait en préven
les terribles effets, dont une guerre européenne, pour ne pas di
universelle, paraît devoir être la funeste, la dernière et l'irrévocab
conséquence.

L'état politique de la France, en ce moment, doit être attentiv
ment et sérieusement examiné. Vous remarquerez sans peine que l
bonne foi la plus sincère me servira de guide dans cette conscien
cieuse étude. Vous remarquerez, surtout, que je me suis efforcé de n
pas toucher le fond de certaines questions brûlantes, afin de ne pa
aggraver, même involontairement, une situation devenue aussi intolérabl
qu'irritante pour tous. Ne semble-t-il pas que ce nouveau nœu
gordien ne peut être tranché que par l'épée d'un nouvel Alexandre
devant s'adjuger, par droit de conquête, les dépouilles du peupl
vaincu ?... Faut-il rechercher les causes de ce malaise général? Faut-
faire connaître d'où proviennent ces méfiances qui jettent tant d'inquié
tudes parmi les nations? C'est qu'à vous-même, plutôt qu'à tout autr
des gouvernements qui vous ont précédé, on peut faire l'applicatio
de ces mémorables paroles, avec une légère variante cependant
« Vous n'avez rien oublié, parce que vous n'aviez rien appris.
Les gouvernements doivent marcher du même pas que les peuple
dont ils dirigent la destinée; pour parler plus logiquement, c'es
aux gouvernements à les précéder dans la carrière et à déter
miner les voies les plus propres à faciliter leur émancipatio
politique, la seule cause déterminante de leur émancipation sociale
à laquelle on ne peut arriver qu'en les faisant jouir des bienfait
d'une paix durable et constante.

Ces mots pourront vous sembler étranges sous ma plume; ils n
sont cependant que la légitime justification du vénérable exilé d
Claremont, qui voyait dans la liberté de la presse les condition
indispensables de gouvernement pour la France et l'Angleterre, e
dont les actes tendaient à réaliser pour la France la plus grand

mme de bonheur possible. C'est ce que je n'aurai pas de peine à vous
montrer.

Pour me faire mieux comprendre, je procéderai par voie de compa-
isons. Les diverses phases qu'a subies le gouvernement de Juillet,
mparées aux principales époques du gouvernement impérial, offrent une
lc analogie, qu'à bon droit je puis dire que les questions pendantes
1850 sont les mêmes que la *diplomatie* a encore à résoudre en
67. Je puis dire aussi que les événements accomplis depuis la
emière de ces époques, n'ont en aucune façon modifié les causes
imordiales qui alors menaçaient et menacent toujours de bouleverser
urope.

La monarchie de 1850, proclamée spontanément, n'avait pas
core eu le temps de se tracer une règle de conduite conforme à
légalité que, déjà et de toutes parts, elle se trouvait enserrée
ns un réseau d'intrigues contre lesquelles elle avait à lutter, pour
intenir intact le principe de l'autorité qu'elle tenait des repré-
ntants du peuple français. En même temps, les partisans de la
anche aînée lui suscitaient d'implacables ennemis à l'extérieur.
ns le vouloir, sans s'être concertés, sans avoir même la conscience
leur hybride union, aussi étrange que contradictoire, les uns et
autres s'acharnaient à détruire le nouveau gouvernement que la
ance s'était volontairement donné et que la Charte constitution-
lle, comme une égide sacrée, devait préserver de tout choc vio-
it et imprévu. Le pacte qui unissait Louis-Philippe à la nation
pouvait être résolu qu'en cas de violation, par l'une ou l'autre
s parties, du principe organique du contrat qui les liait entr'elles.
gouvernement sut se mettre en garde contre toutes les provoca-
ns employées par ses ennemis pour le renverser. Il sut déjouer
irs projets.

Maintenant, ces faits appartenant au domaine de l'histoire, on peut
ractériser avec certitude la nature des embûches tendues au gou-
rnement de Juillet. A l'intérieur, les divers partis convoitant le
uvoir l'accusaient d'une lâche complaisance vis-à-vis des puissances
gnataires des traités de 1815, de sacrifier l'honneur national aux
igences déshonorantes de ces traités et au maintien des intérêts
famille de sa nouvelle dynastie. Rien, cependant, dans l'attitude
s gouvernements étrangers, ne pouvait justifier une semblable accu-

sation. Aucun acte, aucun document précis ne saurait fournir
preuve de cette crainte puérile que l'on attribuait au roi. En stimu
lant, en exaspérant l'orgueil national, les partis espéraient faire r
monter jusqu'au trône constitutionnel la responsabilité des injures
des insultes supposées qu'ils prétendaient être infligées à une natio
jalouse, à juste titre, de sa prépondérance morale et politique
Europe. C'était atteindre le peuple français dans le plus vulnérab
de ses sentiments. Cette tactique peu honnête, provoquée et soigne
sement entretenue par les libéraux, les carlistes, les républicain
les bonapartistes, les icariens, etc., etc., devait jeter dans les espri
les germes d'un mécontentement général, qui, entre des mains h
biles, pouvait constituer les éléments d'une révolution immédiate. C'e
à l'aide de ces menées que l'on a pu provoquer et faire éclater
catastrophe de février 1848.

« Le gouvernement veut se maintenir à tout prix. » Tel est le m
d'ordre qui paraissait être adopté par tous les partis, sans distincti
de couleur ou d'opinion. L'esprit de secte semblait s'être fusionné po
renverser le *tyran* et tous se tendaient une main secourable pour r
duire au néant le trône qu'ils venaient à peine d'ériger. En moi
de six mois de règne, le roi-citoyen était déjà devenu impopulair
il voulait la paix, on voulait la guerre; il voulait le respect d
traités, on voulait violemment les déchirer; il voulait faire triomph
la loi et la justice, on voulait le règne de l'anarchie et de la for
brutale; les ambitions vulgaires et insatiables, qui surgissent on
sait d'où à chaque changement de gouvernement, s'étaient fait u
arme de ces pitoyables ressources afin de s'assurer du pouvoir et
retenir entre leurs mains. Quelquefois ces ambitieux, prenant
masque trompeur d'un généreux désintéressement, d'un dévoueme
sans bornes à la chose publique, offrent leur sang, leur fortun
leur avenir, leur vie en holocauste aux intérêts de leurs concitoyen
De curieux documents pourraient témoigner de la sincérité et
l'exactitude de cette allégation; je me contenterai d'en citer un se
contenant en soi un grand enseignement. Vous n'en récuserez p
l'authenticité; il est daté du 26 février 1848, adressé par vous-mêr
à MM. les membres du gouvernement provisoire de la République
est ainsi conçu :

« Au moment même de la victoire du peuple, je me suis rendu à l'hôtel de ville.
Le devoir de tout bon citoyen est de se réunir autour du gouvernement provisoire
de la République, et je tiens à être un des premiers à le faire, heureux si mon
patriotisme peut être utilement employé.

Recevez, Messieurs, l'expression des sentiments de respect et de dévouement
de votre concitoyen.   (Signé) NAPOLÉON BONAPARTE. »

C'était là une première promesse. Cependant, permettez-moi de vous
le remarquer que, si conformément à vos désirs, « vous avez été
un des premiers à vous réunir autour du gouvernement provisoire
de la République, » cette autre partie de votre programme, con-
ant vos offres de service à cette même République, dont le succès
s tenait tant à cœur et qui vous aurait rendu « heureux si votre
patriotisme eût été utilement employé, » n'a été réalisée par vos
es antérieurs que d'une façon un peu vague et obscure, j'oserai
me dire complètement indéfinie. A Dieu ne plaise que j'aie l'in-
tion de vous classer dans cette série d'ambitieux vulgaires dont
viens de parler : le succès justifie l'audace et la fortune sourit aux
acieux ; je n'ai point à m'occuper de ce sujet, vous laissant à vous-
ne le soin de déterminer le rang qu'il vous plaira d'occuper parmi
x qui ont édifié et défendu la République, ou parmi ceux qui l'ont
versée.

En faisant cette citation, je n'ai pas voulu faire une personnalité bles-
te, la production d'un document historique ne saurait être considérée
ame telle, et cette réserve faite, je continue.

En 1850, le véritable, le seul point faible et attaquable de la paix
opéenne consistait presque uniquement dans l'antagonisme patent,
futable et huit fois séculaire existant entre l'Angleterre et la France.

gouvernement vraiment populaire, réellement défenseur et pro-
eur des intérêts des masses, devait s'attacher avec énergie à dé-
re ces haines internationales, ne reposant sur aucun motif avouable
levant fatalement amener la ruine des deux pays. Quelques con-
ions politiques ou diplomatiques sans importance, faites par le
au gouvernement de la Grande-Bretagne, suffirent à ses ennemis
r signaler dans ces faits un honteux délaissement de la dignité
la France et de l'honneur de son drapeau. Aucune récrimination,
ne insulte, aucune injure ne parvint à faire dévier le cabinet
Tuileries de la ligne de conduite qu'il s'était tracée. La France

avait besoin d'alliés loyaux et sincères, et le chef de l'État, fort
sa conscience et de la droiture de ses sentiments, sacrifiant sa
sonnalité aux intérêts généraux de la nation, savait répondre
partis, sapant le pouvoir et les institutions qui l'avaient consti
que les clameurs de ses adversaires ne pourraient jamais attein
à la hauteur de son dédain. Et le roi a su religieusement et fi
ment tenir cette parole prononcée par son ordre à la tribune, par l'u
ses ministres.

Le dualisme entre la France et l'Angleterre a donc été heure
ment conjuré par le gouvernement de Juillet. La solide alliance
tractée par les deux peuples, si longtemps rivaux, est l'œuvre
roi véritablement populaire qui, sans hésitation aucune, savait sp
tanément repousser de sa pensée tout sentiment de vaine et fa
gloire, lorsqu'il s'agissait de la prospérité réelle et de l'honn
vrai du pays. Cette alliance si étroite qui, depuis, a toujours
ces deux peuples, est, j'ose le dire hautement, l'œuvre exclusive
gouvernement de Louis-Philippe : l'Empire n'a eu que la peine
récolter le fruit des patients efforts de ce souverain, pour qui
alliances consenties n'étaient pas un vain mot et qui ne considé
pas les traités comme une lettre morte que l'on peut éluder à
gré, sans nul souci de sa parole et de la foi jurée. Le roi a d
jeté entre la France et l'Angleterre les fondements durables d'
union indissoluble dont l'Empire a pu profiter, mais qu'il eût
incapable de réaliser. La France, en 1848, n'avait que des a
et point de rivaux. Sous la monarchie de Juillet, si la paix g
rale a quelquefois paru compromise, sans qu'il en coutât au
sacrifice à l'honneur national, sans que les intérêts particulier
généraux eussent à souffrir, les différends, qui assombrirent
temps à autre l'horizon, furent toujours résolus pacifiquement et t
jours d'une manière satisfaisante pour l'intérêt et l'honneur de la natio
du gouvernement.

En 1867, la France, ou plutôt son gouvernement actuel, n'ayan
qu'exciter la haine et semer la défiance entre toutes les nationalités,
aussi su que se créer des ennemis ou des rivaux, mais n'a pu ni su s
tacher un seul allié.

Cela posé, je m'empresse de revenir à mon système de com
raison.

En créant, pour les besoins de leur cause, un antagonisme feint
non réel entre la France et les puissances de l'Europe, les enne-
is du gouvernement de Juillet lui suscitaient de cruels embarras ;
ne pouvait les éviter qu'à l'aide d'une politique conciliatrice à
intérieur, prudente, ferme et loyale à l'extérieur. Le gouverne-
ent portugais croyant à sa faiblesse, préconisée sur tous les tons
ar les ennemis de la nouvelle monarchie, se laissait prendre à ce
iége, et, en 1831, payait de la perte de seize de ses bâtiments de
ierre l'insulte faite à deux Français résidant à Lisbonne. L'inso-
nce de Don Miguel, provoquée par les excitations calculées d'une
esse hostile et malveillante, fut rudement châtiée et, dès lors,
Europe put se convaincre que le gouvernement était déterminé à
e laisser aucune insulte impunie et à faire respecter le pavillon de
France, dont il ne voulait pas que l'honneur fût un seul instant
ompromis.

Cette satisfaction obtenue, Louis-Philippe, de concert avec les
randes puissances du continent, rendait à la Belgique son autono-
ie et opposait sur la plus faible et la plus découverte de nos fron-
ères un boulevard infranchissable à l'ennemi. Louis-Philippe,
ollicité par la nation belge, pouvait sans hésiter poser une couronne
oyale sur la tête de l'un de ses fils. L'orgueil paternel était placé
ous le coup d'une bien vive tentation, mais le roi des Français
omprit qu'il ne devait pas, au prix d'une satisfaction toute per-
onnelle, compromettre la paix générale, en éveillant la jalousie et
a susceptibilité des grandes puissances. A propos de ce fait, per-
ettez-moi d'établir une première comparaison. Le roi, en accep-
ant la couronne offerte à son fils, ne faisait que se rendre aux vœux
e tout un peuple qui avait librement manifesté sa volonté. Mais,
i nous comparons ce qui s'est passé à cette époque à ce que vous
viez projeté au commencement de cette année, il sera facile d'éta-
lir entre la politique du gouvernement de Juillet et du gouver-
ement impérial une différence nettement tranchée dans leurs aspi-
ations, laquelle différence ressortira toute entière du simple exposé
es faits.

L'année dernière, après avoir laissé s'accomplir sans y prendre
né part, même indirecte, les événements qui ont radicalement
ransformé la situation politique de l'Allemagne du Nord et de la

Prusse, et modifié profondément celle de l'Europe entière, vou
avez compris que l'abstention de votre gouvernement, dans cett
grave question, avait amoindri considérablement son influence
Cette politique d'observation avait fait déchoir la France du rang
élevé qu'elle occupait dans l'équilibre du concert européen. Les fait
accomplis, il était trop tard pour qu'elle pût réclamer son droi
d'intervention dans le réglement des traités qui venaient de mettr
un terme à la guerre entre la Prusse et l'Autriche. Pour contreba
lancer cette influence, il fallait un prétexte à votre gouvernement
et vous ne trouvâtes d'autres expédients que de solliciter du roi d
Hollande la cession du Luxembourg. Cette cession obtenue, c'étai
le moyen de tout remettre en question. Luxembourg, devenue vill
française, le roi de Prusse eût été obligé de retirer ses troupe
tenant garnison dans cette place. Il est évident, pour tout espri
sensé et sérieux, que le cabinet de Berlin n'aurait pas pu honorable
ment consentir à une évacuation amiable dans de telles circonstan
ces; il ne pouvait adhérer à une semblable convention, contrair
aux droits que lui conféraient les traités : donc c'était la guerre e
la guerre immédiate. Si l'on se rend compte des causes puériles d
cette guerre, qui, à l'heure où j'écris, est devenue plus inévitabl
que jamais, on est frappé d'étonnement en songeant aux terrible
conséquences qu'elle doit entraîner. En présence de ces faits, un
question se pose naturellement à l'esprit : Quel bénéfice la Franc
doit-elle recueillir des suites de cette guerre formidable à laquelle
de part et d'autre, on se prépare avec tant d'acharnement? Raison
nablement, on ne peut pas supposer que la possession du Luxem
bourg soit la seule, la vraie cause déterminante des hostilités entr
la Prusse et la France; mais, où rechercher les causes réelles d
cette situation sans issue apparente, menaçant de jeter l'Europ
dans les terribles hasards d'une conflagration générale, pouvan
peut-être se compliquer par l'intervention armée des États-Unis d
l'Amérique du Nord? A cette question, que pouvez-vous répondre
que la France veut cette guerre à laquelle vous n'avez pas encore s
assigner, je ne dirai pas de motifs plausibles, mais même un pré
texte! Mais la France, elle-même, a protesté lorsqu'en avril et en
mai dernier la guerre paraissait devoir éclater sur-le-champ. Il fau
dire aussi que vos fonctionnaires de tous grades et de tous rangs s'op

saient, par tous les moyens en leur pouvoir, à la signature des péti-
ons relatives à ce sujet. Si la France ne veut pas la guerre, surtout
une guerre sans cause ni motifs sérieux ou avouables, pourquoi
nc la jetez-vous dans cette politique d'aventures qui ruine son
mmerce, détruit son crédit et dont les résultats les moins incon-
stables se résolvent en ces grands désastres financiers qui viennent
épouvanter le pays et qui ne sont malheureusement que les préludes
op certains de malheurs plus grands encore, si des événements
prévus ne viennent promptement sauver l'Europe d'une guerre
e rien ne semble pouvoir conjurer! Voilà ce qu'a produit de plus
sitif, de plus palpable cette politique sans principe, sans but
terminé. En 1831, la Be'gique, amie naturelle de la France, en
ce du désintéressement de la monarchie de Juillet, devenait une
iée dévouée et sincère. Les puissances de l'Europe, rassurées sur
véritable esprit et les tendances du nouveau gouvernement se ral-
ient sans arrière-pensée à la politique à la fois ferme, sage et
nciliatrice du cabinet des Tuileries.
En 1867, votre tentative avortée sur le Luxembourg a dû laisser
profonds sentiments de défiance dans la pensée du gouvernement
lge : la Belgique, incertaine de son sort futur, craignant pour
n autonomie, cherche à s'appuyer sur l'autorité et le respect des
ités, et se voit forcée de répudier dans sa pensée l'alliance de la
ance qu'une conformité complète d'intérêts, de mœurs et de lan-
ge avait naturellement nouée et qu'aucun nuage n'aurait jamais
obscurcir. Sur ce premier point de comparaison, veuillez re-
rquer que les prudentes mesures prises par le gouvernement
Juillet ont eu pour effet de concilier à la France la sympathie de
urope et de faire de ses ennemis, même les plus dangereux, des
iés dont le concours ne s'est jamais démenti. Votre téméraire en-
prise sur le Luxembourg a déterminé un résultat tout à fait opposé.
Belgique n'est plus l'alliée de la France. L'Europe entière, en
mes, attend que le premier coup de canon soit tiré, pour entrer
lice, s'interposer contre de déplorables ambitions et mettre fin à
nxiété générale. Puissiez-vous n'avoir pas attiré sur la France les mal-
urs d'une nouvelle coalition!
J'arrive à une deuxième comparaison, qui m'est suggérée par les
tes du gouvernement de Juillet, relatifs à la question italienne, com-

parée à la ligne politique que vous avez suivie dans des circons
tances présentant de frappantes similitudes. En 1832, l'influence d
l'Autriche, déjà prépondérante en Italie, menaçait de s'étendre jus
qu'aux Romagnes, où la guerre civile venait d'éclater. L'Autrich
se préparait à une intervention armée, lorsque tout à coup on ap
prit qu'à la suite d'un hardi coup de main, le pavillon tricolo
flottait sur les remparts d'Ancône et que l'Autriche, intimidée, re
nonçait à son projet. Une simple démonstration, sans qu'il fût beso
même de brûler une amorce, avait suffi pour faire comprendre a
cabinet de Vienne que la France entendait faire respecter l'inviola
bilité de la neutralité des États romains. Cet incident, qui pass
presqu'inaperçu, mit fin à un conflit imminent, sans qu'une seule gout
de sang ait été versée ; il eut pour résultat de faire connaître ur
fois de plus que la France saurait toujours intervenir dans les question
continentales lorsque son honneur serait engagé. La paix générale ne f
point troublée ; les Etats du pape furent préservés de toute invasion. I
modération du gouvernement du roi affirmait de nouveau qu'aucur
considération ne pouvait l'amener à faire une guerre d'agression o
de conquête.

En 1859, la guerre éclata entre la Sardaigne et l'Autriche.
traité de Villafranca écourta quelque peu le programme que vo
vous étiez tracé au début de la campagne. L'état Lombardo-Véniti
resta aux mains de l'empereur François II, bien que vous eussi
proclamé « qu'il fallait que l'Italie fût libre des Alpes jusqu
l'Adriatique. » On s'étonnait que, vainqueur sur tous les points, vo
témoignassiez à votre adversaire tant de modération et de magnan
mité. L'annexion de Nice et de la Savoie fit bientôt connaître
véritable cause de cette modération et les puissances de l'Euro
comprirent aussitôt qu'il fallait qu'elles se tinssent en garde cont
vos ambitieuses visées. Je puis dire avec justice que cette annexi
mécontenta la France elle-même, où l'esprit de conquête n'est p
encore à la hauteur des Idées Napoléoniennes, qui dirigent vo
politique. Mais les points saillants de la question italienne se tro
vent relégués au second plan lorsqu'on envisage avec attention
nature et la gravité des conflits qui peuvent surgir des éventualit
que la question romaine, proprement dite, renferme dans son sei
Le palliatif impuissant, connu sous le nom de convention du 15 se

abre, loin d'éclairer la situation, n'a fait que créer de nouveaux
barras à toutes les parties intéressées. L'évacuation de Rome par
troupes françaises a pu satisfaire momentanément les vœux de
alie, mais en ravivant ses ardentes aspirations vers Rome capi-
e. Cette question a pris des proportions si inquiétantes, qu'à
clusion de toutes les autres, elle absorbe l'attention du monde
tier. L'Italie, entraînée par un courant irrésistible vers la consti-
ion définitive de son unité, doit fatalement planter son drapeau
r les murs de la ville éternelle ; mais elle ne peut obtenir ce
sultat qu'en se heurtant contre les soldats de la France. Ce conflit
vitable, n'est-ce pas vous qui l'avez préparé en continuant l'expé-
ion de 1849 ? Ne deviez-vous pas prévoir alors que cette expédition
éait un obstacle invincible à la constitution de l'unité de l'Italie, et
e le résultat le plus certain serait l'impossibilité matérielle de con-
uer cette entreprise ou d'y mettre un terme. Vous ne sauriez nier
e telle est la situation et que, ne pouvant plus maîtriser les événe-
nts que vous avez fait naître, vous ne soyez dans l'obligation de
laisser suivre leur cours. Vous avez donc inutilement sacrifié l'or
les forces de la France sans résultat. Bien au contraire, de toutes
complications qui surgissent de l'état actuel de l'Europe, aucune
présente de difficultés aussi sérieuses à résoudre, à l'honneur du
ys. Si l'armée italienne franchit les frontières du territoire du
int-Siége, l'intervention de la France devient rigoureusement iné-
able, et l'Italie, forcée de se jeter dans les bras d'un allié, s'unira
turellement avec la Prusse : la guerre éclatera simultanément au
rd et au midi. Ou vous interviendrez, ou vous n'interviendrez pas ;
ns le premier cas, comme je viens de le dire, c'est la guerre avec
utes ses conséquences, et personne ne peut en prévoir l'issue.
ns la seconde hypothèse, dans le cas de non-intervention, c'est
baissement complet de la dignité de la France, de l'honneur de
n drapeau et la ruine totale de son influence en Europe. Telle est
lternative (*).

Ainsi, en 1852, la présence d'un seul régiment français suffisait
ur mettre fin à toute espèce d'incertitude. En 1867, la France,
rès dix-huit années de luttes et de sacrifices, se trouve aux prises

(*) Ce travail étant sous presse depuis le 8 octobre, on peut constater qu'il n'y a
en de changé dans les prévisions qui précèdent : il n'y a que deux *simulacres* de
monstration d'intervention de plus.

avec une situation plus compromettante encore qu'au début de l'expéd
tion, et cela non-seulement en face de l'Italie, dont votre politique équ
voque justifierait, le cas échéant, la plus noire ingratitude, mais en fa
de l'Europe entière.

C'est aussi grâce à cette politique tortueuse que la question d'Orien
après d'immenses sacrifices, se trouve dans le même état qu'en 184
Qu'avez-vous recueilli du sang versé et des centaines de millions jet
dans le gouffre des batailles? Ici encore, une nouvelle comparaiso
doit être établie entre la conduite du gouvernement de 1830 et cel
que vous avez cru devoir suivre en pareille occurrence. En 184
au moment où le sultan réclamait la restitution de la Syrie, do
Méhémet-Ali s'était emparé, la Russie, l'Autriche et l'Angleterre ap
puyèrent de leur concours les armes de la Porte. On pouvait craind
que l'empereur de Turquie exerçât contre Méhémet-Ali de cruelle
représailles; dans ce cas, la France devait intervenir et protéger l
vice-roi si le territoire de l'Égypte se trouvait menacé. L'armée com
binée des Anglais, des Autrichiens et des Turcs réduisit prompte
ment Beyrouth, Caïffa et le fort de Djebaïl; mais là se bornèrent s
succès, la présence de l'escadre française, mouillée dans la baie d
Salamine, témoignait assez de la ferme volonté du roi de s'oppose
à la continuation des hostilités. Cette simple démonstration suffit pour
mettre un terme.

Tout en évitant une intervention qui eût attiré à la France
guerre avec l'Europe, le roi sut protéger efficacement les intérêts d
vice-roi, son allié. En 1853, à l'époque où le czar revendiquait
protectorat sur les chrétiens grecs sujets de la Turquie, vous ve
niez de consentir au retrait des concessions obtenues en faveur d
Latins; votre gouvernement, avec une ingénuité qui honore sa pr
voyance, céda encore sur ce point. Enfin, le 27 mars 1854, vous la
ciez votre déclaration de guerre à la Russie. Or, à cette date, l
Russes avaient déjà franchi le Danube sur plusieurs points; ils ra
vageaient la Dobrutscha et menaçaient la Bulgarie. Malgré les im
menses préparatifs auxquels vous vous livriez depuis un an, la plu
déplorable imprévoyance faillit faire manquer l'expédition dès so
début. Du 1er juin au 4 septembre, l'armée, manquant souvent d
pain, reste inactive dans ses camps, dont l'emplacement avait é
choisi avec tant de sagacité que le 15 août, c'est-à-dire en deu
mois et demi, 14,000 hommes avaient été emportés par le typhus

choléra! Enfin on décida de transporter le théâtre de la guerre
r le sol de la Crimée. C'est dans le cabinet des Tuileries que na-
it l'idée de cette expédition; elle fut préparée dans la solitude. Ce
in de campagne, conçu sans aucune idée des impossibilités prati-
es d'une semblable entreprise, fut votre œuvre exclusive et le
iréchal de Saint-Arnaud le reçut à Constantinople, entièrement écrit
votre main.

Malgré une assez vive opposition de plusieurs des membres du conseil
guerre, il fut adopté et, le 14 septembre, l'armée débarquait sur la
age d'Eupatoria.

Les notions les plus élémentaires de la tactique semblent avoir
é complétement ignorées par l'auteur du plan de cette nouvelle
pédition. Il est facile de reconnaître que les règles les plus vul-
ires de la prudence ont été méconnues et que l'on sacrifiait toute
esure de prévoyance à la vaine gloire de s'emparer, par un coup
 main, de l'une des plus fortes places de l'Europe, défendue par
ie flotte formidable. Pour arriver sous les remparts de Sébastopol
ec quelque certitude de réussiste de s'en emparer, il fallait procéder
abord à l'occupation de l'isthme de Pérécop, y fortifier un nombre
 troupes suffisant dans des positions inexpugnables. Il fallait
isuite occuper Simféropol, siége du gouvernement de la province,
 s'assurer, de tous les points du pays, des approvisionnements de
ute nature dont l'armée pouvait avoir besoin. On pouvait ensuite
archer sur Sébastopol, l'enlever ou l'investir. Sans ces opérations
réliminaires, l'expédition de Crimée n'était qu'une aventure, au
out de laquelle il y avait une campagne d'hiver sur le sol russe,
est-à-dire, une folie. Heureusement, l'héroïsme de nos soldats
iuva l'honneur du drapeau, mais il m'est bien permis de demander
l'auteur du plan insensé de la campagne du Crimée quels résultats
 France a obtenus des immenses sacrifices que vous lui avez impo-
is dans cette circonstance, maintenant que l'influence de la Russie
it devenue plus considérable que jamais dans les conseils de la
ublime-Porte? Cette funeste expédition, où tout était laissé à l'im-
révu, dictée et dirigée par une gloriole aussi vaine que coupable,
ans laquelle la France a prodigué le plus pur de son sang et
iglouti des sommes immenses, détournées de leur véritable desti-
ation, c'est-à-dire de l'industrie et du commerce ; cette expédition
it devenue une nouvelle cause de ruine pour la France et de mé-

finance pour ses rivaux. En 1840, la flotte française n'a pas tiré u
coup de canon et la paix de l'Europe n'a pas été un seul instant troublée
dans des circonstances identiques, vous avez fait une guerre désastreus
et ruineuse pour le pays, dont le résultat a été de jeter le trouble et l'inqui
tude dans le cœur de la France.

Mais ce trouble et cette inquiétude n'ont pas tardé à se trans
former en véritable terreur, à la nouvelle de l'expédition que vou
prépariez contre le Mexique. Chacun se demandait quel pouvait ê
être le but réel. Il était facile de comprendre que l'intérêt publi
ne pouvait en être le motif. Aussi, les protestations s'élevèrent d
tous les points de la France ; malgré les vœux de la natio
cette nouvelle campagne destinée, dans votre pensée, à affirmer l
prestige de la gloire militaire nécessaire à votre dynastie, cett
campagne eut lieu. Je n'ai point l'intention de m'attacher à ana
lyser les faits saillants qui ont masqué les diverses phrases de cett
guerre, que vous seul avez provoquée. Sinistre à ses débuts, cett
funeste expédition devait fatalement aboutir à la sanglante catastro
phe qui en a couronné le dénouement. Je ne puis ni ne veux tro
m'étendre sur un aussi triste sujet. De grands malheurs, d'irrépa
rables calamités sont venus frapper d'illustres personnages qu
l'immensité du désastre rendent dignes du plus profond respec
des plus sincères et des plus ardentes sympathies. Cédant à ce sen
timent de haute convenance que vous apprécierez, je me borne
constater qu'à vous seul doivent être attribuées les conséquence
désastreuses d'une expédition qui s'est élevée jusqu'aux proportion
d'un cataclysme politique universel. Si le drapeau de la France
su conserver sa glorieuse auréole, si l'honneur national n'a pas ét
atteint, il importe que la responsabilité de tels événements remont
jusqu'à leur instigateur, si haut placé qu'il soit dans les rangs d
la hiérarchie sociale. Cette expédition est le plus grand malheu
qui, depuis longtemps, soit venu frapper le pays : sans cause e
sans prétexte, elle ne pouvait donner d'autre résultat. Sans parle
du sang versé, sans parler des centaines de millions gaspillés, sans
parler de la ruine des souscripteurs de l'emprunt mexicain, don
votre gouvernement s'était, en quelque sorte, fait le promoteur, j
dois, en jetant un dernier coup d'œil sur ce *point si noir* de notr
histoire contemporaine, vous signaler l'affligeant spectacle de l
lutte engagée entre un maréchal de France et son souverain, contr

quel il est forcé de défendre son honneur de soldat et sur qui il
it faire retomber la responsabilité des actes qui lui sont reprochés.

cependant, en 1838, ce gouvernement de Juillet, objet de tant
critiques de votre part, obtenait de la république mexicaine
utes les satisfactions légitimement dues à la France et inscrivait
r le pavillon de la marine le nom d'un brillant fait d'armes : la
ise de St-Jean d'Ulloa. Cette expédition ne causa aucun émoi en
rrope; et, en France, tous les partis furent unanimes à lui donner
ur approbation.

Je m'arrète dans mes comparaisons et vais m'efforcer de me
sumer le plus succinctement possible. C'est surtout en politique
e la modération est une vertu indispensable. Il serait à désirer
ur la France que cette vertu eût présidé à toutes vos décisions : la
rance serait encore ce qu'elle était au moment où vous vous êtes
olemment emparé de la direction de ses destinées. En 1848, les
lations extérieures de la France ne laissaient rien à désirer et son
liance était recherchée par tous les gouvernements ; son armée,
evée à la rude école d'Afrique, était commandée par des chefs vail-
nts et expérimentés; c'est à eux que vous devez la gloire militaire
i second empire. Rien ne pouvait faire présager des troubles à l'in-
rieur, lorsqu'éclata le coup de foudre de février; ses finances
aient dans un état de prospérité qui ne pouvait que s'accroître ;
 commerce, l'industrie et les arts étaient l'objet de la constante
llicitude du gouvernement; enfin forte au-dedans, la France était res-
ctée au-dehors.

Qu'avez-vous fait de la France, qu'avez-vous fait de tous ces éléments de
ospérité?

En 1867, vous chercheriez vainement en Europe un allié sincère
ii voulût s'associer aux dangers de votre aventureuse politique :
 sort lugubre de l'infortuné Maximilien a donné la juste mesure
 votre respect pour les traités et des loyaux secours que l'on peut
tendre de votre alliance. Sans doute, votre armée restera toujours
 première armée du monde, mais elle a cessé d'être l'armée vrai-
ent nationale, depuis que les braves soldats que la composent sont
venus l'enjeu de votre trop personnelle et aveugle ambition. La
ance, soumise au doux régime de la loi dite de sûreté générale,
urbe la tête, en gémissant, sous le joug; la presse, bâillonnée, ne
ut plus faire entendre sa voix, et la pensée, chassée du terri-

toire de l'empire, s'est réfugiée hors de ses frontières, en protesta
ce sont ces hardis penseurs dont vous avez fait les *Émigrés de 18*
La dette publique s'est accrue dans de telles proportions que
fait craindre que sa liquidation aboutisse à une catastrophe. En
après avoir tout entrepris, vous n'avez rien terminé; pour être
exact, je dois dire que vous avez embrouillé les questions politic
de telle sorte que le réseau qui les enserre est devenu inext
ble. Vous restez sans allié et vous ne devez voir que des enne
partout. Voilà où vous a conduit la mise à exécution du progran
des Idées Napoléoniennes; mais j'espère que la France pourr
temps se dégager de votre étreinte, reconquérir sa liberté avec
initiative parlementaire et se soustraire aux dangers que vous
accumulés sur le pays. Deux questions surtout, dont la solution
prochaine, sont à l'ordre du jour. Je veux parler de la Prusse
de Rome. Je vous ai fait connaître ma pensée sur ces points p
cipaux. Cette question, aussi bien que celle du Mexique, vou
placé en présence de la protestation d'un général dont vous d
vouiez la mission à Rome, mais qui, dans sa rude loyauté milita
a su prouver qu'il n'avait rien fait qu'exécuter les ordres que vous lui a
donnés.

Vous avez conduit la France sur les bords de l'abîme, et, loir
chercher à lui épargner les malheurs d'une guerre vers laqu
vous l'entraînez fatalement, vous vous efforcez en vain de cher
de futiles prétextes pour colorer des faux semblants de l'honr
national la nouvelle agression que vous méditez. C'est que la gu
est nécessaire au maintien de votre pouvoir et que vous ne po
exister sans elle : il vous importe peu que des milliers de v
mes s'entr'égorgent pour le plus grand profit de votre dynastie;
prenez garde de faire déborder la coupe. L'Europe et la France
clament la sécurité et la paix, sources de l'abondance et de
prospérité; à ces légitimes aspirations vous ne répondez que
des menaces et de nouvelles compressions de l'opinion publi
prenez garde qu'à son tour la redoutable voix du peuple ne se f
entendre et que, remontant à son passé et le comparant à son état actue
ne s'écrie :

« Voilà ce qu'était la France; voilà ce que vous en avez fait !
8 octobre 1867.